Printed in the USA

Afrikaans Language:
The Afrikaans Phrasebook

By Jan Kotze

Contents

1. THE BASICS	1
a. Numbers	1
Ordinal numbers	2
Incomplete amounts	2
Useful phrases	3
b. Time & Dates, South African Holidays	3
General time	3
Holidays	4
Months	4
c. Customs	4
d. Getting Around/Transport	5
e. Hotels	6
f. Directions	8
g. Shopping	8
h. At the bank	10
i. Internet	10
j. Cell Phone	11
k. Post office	11
l. Business	11
m. Museums/Tours	12
n. Special Need Travelers (Seniors, Children, Disabilities)	13
2. MEETING PEOPLE	14
a. Getting Acquainted	14
b. Opinions/States of Being	15
c. Inviting People Out (Music/Nightclubs/Performing Arts)	16
d. Hiking	18
e. Sports	19

f. Sex & Romance	20
3. Emergencies	21
4. Medical Care	22
Women	23
5. Mini Dictionary	24
a. English to Afrikaans	24

1. THE BASICS

a. Numbers

One (1)	Een (1)
Two (2)	Twee (2)
Three (3)	Drie (3)
Four (4)	Vier (4)
Five (5)	Vyf (5)
Six (6)	Ses (6)
Seven (7)	Sewe (7)
Eight (8)	Agt (8)
Nine (9)	Nege (9)
Ten (10)	Tien (10)
Eleven (11)	Elf (11)
Twelve (12)	Twaalf (12)
Thirteen (13)	**Der**tien (13)
Fourteen (14)	**Veer**tien (14)
Fifteen (15)	**Vyf**tien (15)
Sixteen (16)	**Ses**tien (16)
Seventeen (17)	**Sewe**ntien (17)
Eighteen (18)	**Ag**tien (18)
Nineteen (19)	**Nege**ntien (19)
Twenty (20)	**Twin**tig (20)
Thirty (30)	**Der**tig (30)
Forty (40)	**Veer**tig (40)
Fifty (50)	**Vyf**tig (50)
Sixty (60)	**Ses**tig (60)
Seventy (70)	**Sewe**ntig (70)
Eighty (80)	**Tag**tig (80)
Ninety (90)	**Nege**ntig (90)
One hundred (100)	**Een** honderd (100)
One thousand (1000)	**Een** duisend (1 000)
Ten thousand (10.000)	**Tien** duisend (10 000)
Fifty thousand (50.000)	**Vyftig** duisend (50 000)
One hundred thousand (100.000)	**Een** honderd duisend (100 000)
One million (1.000.000)	**Een** miljoen (1 000 000)

Ordinal numbers

First	**Eer**ste (1ste)
Second	**Twee**de (2de)
Third	**Der**de (3de)
Fourth	**Vier**de (4de)
Fifth	**Vyf**de (5de)
Sixth	**Ses**de (6de)
Seventh	**Sewe**nde (7de)
Eighth	**Ag**ste (8ste)
Ninth	**Nege**nde (9de)
Tenth	**Tien**de (10de)
Eleventh	**Elf**de (11de)
Twelfth	**Twaalf**de (12de)
Thirteenth	**Dertien**de (13de)
Fourteenth	**Veer**tiende (14de)
Fifteenth	**Vyf**tiende (15de)
Sixteenth	**Ses**tiende (16de)
Sventeenth	**Sewe**ntiende (17de)
Eighteenth	**Ag**tiende (18de)
Ninteenth	**Nege**ntiende (19de)
Twentieth	**Twintig**ste (20ste)

Incomplete amounts

All	**Al**les
Half	Helfte
A third	'n Derde
A quarter	'n Kwart
A fifth	'n **Vyf**de
A sixth	'n **Ses**de
A seventh	'n **Sewe**nde
An eighth	'n **Ag**ste
A ninth	'n **Nege**nde
A tenth	'n **Tien**de

Useful phrases

How much?	Hoeveel?
A little	'n Bietjie
Some	Sommige
A lot	Baie
More	Meer

b. Time & Dates, South African Holidays

Days of the week	Dae van die week
Monday	Maandag
Tuesday	Dinsdag
Wednesday	Woensdag
Thursday	Donderdag
Friday	Vrydag
Saturday	Saterdag
Sunday	Sondag

General time

What time is it?	Hoe **laat** is dit?
It's 6 PM.	Dit is **6NM**.
In the morning	In die **oggend**
In the afternoon	In die **middag**
In the evening	In die aand
Fifteen minutes till 6	**Vyftien** minute voor **ses**
10 minutes till 6	**Tien** minute voor **ses**
Today	Vandag
Yesterday	Gister
Now	Nou
Tonight	Van**aand**
In the morning	In die **oggend**
In the evening	In die **aand**
In the afternoon	In die **middag**
This Tuesday	**Hier**die **Dinsdag**
This week	**Hier**die **week**

This month	**Hier**die **maand**
This year	**Hier**die jaar
Tomorrow morning	**Môre** oggend
Tomorrow afternoon	**Môre** middag
Tomorrow evening	**Môre** aand
Yesterday morning	**Gister** oggend
Yesterday afternoon	**Gister** middag
Yesterday evening	**Gister** aand

Holidays

Christmas	**Kers**fees
Easter	**Paas**fees

Months

January	Januarie
February	Februarie
March	Maart
April	April
May	Mei
June	Junie
July	Julie
August	Augustus
September	September
October	Oktober
November	November
December	Desember
What date is today?	**Watter datum** is dit **vandag**
It's December 16th	Dit is die **16de Desember**

c. Customs

Q: Do you have something to declare?	V: Het u iets om te ver**klaar**?
A: I have something to declare	A: **Ek** het iets om te ver**klaar**

A: I have ... to declare	A: **Ek** het..........om te ver**klaar**
A: I have nothing to declare	A: **Ek** het niks om te ver**klaar** nie
I will be in South Africa for ... days	**Ek** sal in **Suid Afrika** wees vir.....dae (....the number of days is the stress word)
I wil be staying at ...	**Ek** gaan by ...... **bly**
I'm a tourist	**Ek** is 'n **toer**is
I'm doing business in South Africa	**Ek** doen **besig**heid in **Suid Afrika**
Do you speak English?	Praat u Engels?
I don't understand	**Ek** ver**staan** nie
I'm sorry	**Ek** is jammer
Q: Where did you arrive from?	Q: Van **waar** het u ge**arriveer**?
A: I arrived from ...	A: **Ek** het van........... ge**arriveer**
Q: How long will you be here?	Q: Hoe **lank** sal u **hier** wees?
A: I will be here for ... days	A: **Ek** sal **hier** vir....dae wees (....the number of days is the stress word)
CUSTOMS VOCABULARY BANK	
Passport	Paspoort
Ticket	**Kaart**jie
Baggage claim check	Bagasie eis **navra**
Immigration	Immi**grasie**
Passport control	**Paspoort** beheer

d. Getting Around/Transport

English   Afrikaans
                Pronunciation

VOCAB BANK	
BUS	Bus
Where is the bus stop?	Waar is die **bus** stop?
When is the next stop?	Wanneer is die **volgende** stop?
When is the next bus?	Hoe laat is die volgende bus?
When is the last bus?	Wanneer is die **laaste** bus?
Does this bus go to ...	Gaan die **bus** na........?
Is this seat taken?	Is hierdie **sitplek** geneem?
How much is it?	**Hoeveel** kos dit?
Where can I buy a ticket?	Waar kan ek 'n **kaartjie** koop?

One ticket please.	**Een** kaartjie asseblief.
Two tickets please	**Twee** kaartjies asseblief
Three tickets please	**Drie** kaartjies asseblief
Four tickets please	**Vier** kaartjies asseblief
TAXI	Huur**motor**
Where can I get a taxi?	**Waar** kan ek 'n **huur**motor kry?
I need a taxi.	Ek **be**nodig 'n huurmotor
How much is it?	**Hoeveel** kos dit?
Please drive me to this address.	**Neem** my asseblief na **hier**die adres
Please stop here.	**Stop** asseblief **hier**.
I need to get out.	**Ek** moet uit**klim**

e. Hotels

BOOKING IN ADVANCE	
Do you have a room?	Het u 'n **kamer**?
How much is it per night?	**Hoeveel** kos dit per **nag**?
Does it include Internet?	Is die **Internet** in gesluit?
How much is Internet access?	**Hoeveel** kos die Internet **toe**gang?
Is the Internet fast?	Is die **Internet vinnig**?
I need one bed	Ek be**nodig** een **bed**
I need two beds	Ek be**nodig twee bed**dens
It's for...	Dis vir...
...one person	........**een** persoon
...two people	........**twee** mense
...three people	........**drie** mense
...four people	........**vier** mense
... five people	........**vyf** mense
... six people	..........**ses** mense
I'd like to see the room, please	Ek wil asseblief die **kamer sien.**
Could we do a lower price, please?	**Kan** ons asseblief 'n **laer prys** kry?
Can I see another room?	Kan **ek** 'n ander **kamer sien**?
Is there a deposit?	Is **daar** 'n **deposito**?
Yes, I'll take it.	Ja, **ek** sal dit **neem.**
No, I wont take it.	Nee, **ek** sal dit nie **neem** nie.
What time is check in?	Hoe **laat** kan ek in **teken**?
What time is check out?	Hoe **laat** moet ek uit **teken**?

Does it include breakfast?	Is die ont**byt** in ge**sluit**?
What time is breakfast?	**Hoe** laat is ont**byt**?
I need to be woken up at 6AM	**Ek** be**nodig** om wakker ge**maak** te word vir 6VM
Is there a laundry?	Is daar 'n **was**sery?
Is there a swimming pool?	Is daar 'n **swem**bad?
Is there a safe?	Is daar 'n **kluis**?
Where can I change money?	**Waar** kan **ek geld** omruil?
Can I buy a tour?	Kan **ek** 'n **toer koop**?
What time is checkout?	Hoe **laat** moet ek **uit**teken?
I need a taxi for 8AM, please.	**Ek** be**nodig** 'n huur**motor** vir 8VM asseblief.
I'm leaving at ...	**Ek** vertrek om....
I need to leave my bags here.	**Ek** moet my **sak**ke **hier** los.
Thank you very much!	Baie **dank**ie!
PROBLEMS:	PROBLEME
The bill is in	Die re**ken**ing is verkeerd
I need a new key	Ek be**nodig** 'n nuwe **sleutel**
I need a blanket	Ek be**nodig** 'n **kombers**
I need a receipt	Ek be**nodig** 'n **kwitansie**
The toilet is broken	Die **toilet** is ge**breek**
The TV is broken	Die **TV** is ge**breek**
It's too hot	Dis te **warm**
It's too cold	Dis te **koud**
It's too noisy	Dis te **lawaai**erig
The room is dirty	Die **kamer** is **vuil**
VOCAB BANK	
Hotel	Hotel
Motel	Motel
Hostel	**Kos**huis
Apartment	**Woon**stel
Inexpensive	Goedkoop
Luxury	**Luuk**se

f. Directions

Excuse me, where is …	Ver**skoon** my, waar is…………
Could you show me where to go?	Kan u my wys **waar**heen om te gaan?
Which street is it on?	In **watter straat** is dit?
What is the address?	**Wat** is die **adres?**
Can I get there …	Kan **ek** daar **kom**……..
… by foot	…..te **voet**
… by train	……per **trein**
… by car	……per **kar**
… by bus	……per **bus**
To the right	Aan die **regter**kant
To the left	Aan die **linker**kant
At the corner	Op die **hoek**
Straight ahead	**Reg**uit vorentoe
Next to	**Langs**aan
In front of	In die voor**kant** van
Behind	Agter
Is it far?	Is dit **ver**?
Is it nearby?	Is dit **naby**?
How do I get there?	**Hoe** kom ek **daar**?
Do you know?	Weet u?
I'm sorry, I only speak a little Afrikaans	**Ek** is jammer, ek **praat** net 'n bietjie **Afrikaans**
VOCAB BANK	
Street	Straat
Building	Gebou
Boulevard	Boeleward boulevard
City	Stad
Square	Plein
Neighborhood	Omgewing Buurt

g. Shopping

Where is the store?	**Waar** is die **winkel**?
Where is the supermarket?	**Waar** is die **super**mark?
Where is the mall?	**Waar** is die **winkel**sentrum?

Where is the grocery store?	**Waar** is die kruideniers**winkel**?
Where is the bookstore?	**Waar** is die boek**winkel**?
I'm looking for this book.	**Ek** is op**soek** na **hier**die **boek**.
I need a newspaper.	**Ek** be**nodig** 'n **koerant**.
Q: Can I help you?	V: Kan **ek** u **help**?
A: We don't have it.	A: **Ons** het **dit** nie.
I need your help	**Ek** be**nodig** u **hulp**
Where can I buy?	**Waar** kan ek **koop**?
I need to buy …	Ek be**nodig** om…………te **koop**
Could I try this on?	Kan **ek hier**die aan**pas**?
My size is …	My **grote** is……….
How much is this?	**Hoeveel** is **hier**die?
Please write the price down on a piece of paper	**Skryf** asseblief die **prys** neer op 'n **stuk papier**
I'm just looking	**Ek kyk** net
This is too expensive	**Dit** is te **duur**
Can we lower the price?	Kan **ons** die **prys** af**bring**?
Do you take credit cards?	Neem u krediet**kaart**e?
I will take that.	**Ek** sal dit **neem**.
I need receipt, please	**Ek** be**nodig** 'n **kwitansie** asseblief
It's broken	Dis ge**breek**
I need a refund	**Ek** be**nodig** 'n terugbetaling
I need to return this	**Ek** be**nodig** om **hier**die terug te gee
I need a bag	**Ek** be**nodig** 'n **sak**
I don't need a bag	**Ek** het nie 'n **sak** nodig nie
VOCAB BANK	
Men's Restroom	**Manskleedkamer**
Women's Restroom	**Dameskleedkamer**
Restroom	Rus**kamer**
Do Not Enter	**Geen Toegang**
No Smoking	**Rook** Verbode
Information	Informasie
Open	Oop
Closed	Toe
No Cameras	Geen **Kamera**s
No Cell Phone Use	Geen **selfone**

h. At the bank

Where is the bank?	**Waar** is die **Bank**?
What time does the bank open?	**Hoe** laat maak die **Bank** oop?
What time does the bank close?	**Hoe** laat maak die **Bank** toe?
I don't remember my pin	**Ek** onthou nie my **pin** nie
Here is my card.	**Hier** is my **kaart**.
I need to exchange money	**Ek** be**nodig** om **geld** om te ruil
I need to withdraw money	**Ek** be**nodig** om **geld** te onttrek
What is the price?	**Wat** is die **prys**?
What is the exchange rate?	**Wat** is die wissel**koers**?
I need to find an ATM	**Ek** be**nodig** om 'n OTM te **vind**
Smaller notes, please	**Klein**er note asseblief
Do you accept traveler's check?	**Aan**v**aar** u **reis**egers **tjek**s?
Do you accept credit cards?	**Aan**v**aar** u krediet**kaart**e?
Do I need to sign?	Het **ek nodig** om te **teken**?
I need the receipt, please	**Ek** be**nodig** die **kwitansie** asseblief

i. Internet

Do you have free Internet?	Het u **gratis Internet**?
Where is an Internet café?	**Waar** is **'n Internet kafee**?
How much does it cost to access the Internet?	**Hoeveel kos** dit om toe**gang** tot die Internet te verkry
Is this a high speed connection?	Is **hier**die 'n hoë **spoed** konneksie?
What is the password?	**Wat** is die wag**woord**?
Which network do I connect to?	Tot watter **netwerk** konnekteer ek?
Is it wireless Internet?	Is dit **kabel**lose **Internet**?
How much does it cost?	**Hoeveel kos** dit?
How do I log on?	**Hoe teken** ek aan?
Connection is dead	**Konneksie** is **dood**
The computer is not working	Die **rekenaar werk** nie
I'm done using the Internet.	**Ek** is **klaar** om die **Internet** te ge**bruik**
I need to ...	**Ek** be**nodig** om......
... check my email	.....my **e-pos** na **gaan**
... use Skype	......**Skype** te ge**bruik**

... print out documents	.....**dokumente** uit te **druk**
... scan documents	...om **dokumente** te **skandeer**

j. Cell Phone

I'd like to buy a cell phone.	**Ek** wil graag 'n **selfoon koop**.
I need a cell phone charger	**Ek** benodig 'n **selfoon laaier**
My number is ...	My **nommer** is.....
What is your phone number?	Wat is jou **telefoonnommer**?
I need to speak to ...	**Ek** benodig om met ....te **praat**
What is the code for ...	Wat is die **kode** vir.....

k. Post office

Where is the post office?	Waar is die **Poskantoor**?
I need to send ...	**Ek** benodig om ....te **stuur**
... A domestic package	..... 'n binne**land**se **pakket**
... an international package	.....'n **internasionale pakket**
... a postcard	.....'n pos**kaart**
... a parcel	.....'n **pak**kie
Postal code	Pos**kode**
Declaration	Verklaring
Stamp	**Stempel**

l. Business

I'm here on business	**Ek** is hier op **besig**heid
I'm from ...	**Ek** is van....
... America	...**Amerika**
... England	....**Engeland**
Could I have your business card?	Kan ek asseblief u **besigheid**skaartjie kry?
Here is my business card	Hier is my **besigheid**skaartjie
Where is the conference?	Waar is die **konferensie**?
Where is the company office?	Waar is die **maatskappy** se kantoor?
Where is the business building?	Waar is die **besigheid** se gebou?

I'm here for a business meeting	**Ek** is hier vir 'n besigheids**vergadering**
I'm here for a conference.	**Ek** is hier vir 'n **konferensie.**
I'm here for a trade show	**Ek** is hier vir 'n handel**skou**
Could you translate please?	Kan u ver**taal** asseblief?
I need an interpreter.	**Ek** benodig 'n **tolk.**
Pleasure doing business with you.	Plesier om met u **besigheid** te doen.
That was a great meeting!	Dit was 'n goeie **vergadering**!
That was a great conference!	Dit was 'n goeie **konferensie**!
That was a great trade show!	Dit was 'n goeie handel**skou**!
Thank you.	**Dank**ie.
Should we go out for lunch?	Sal ons uit**gaan** vir middag**ete**?
Should we go out for dinner?	Sal ons uit**gaan** vir aand**ete**?
Should we go out for a drink?	Sal ons uit**gaan** vir 'n **drank**ie?
Here is my email	Hier is my **e-pos**
Here is my phone number	Hier is my telefoon**nommer**

m. Museums/Tours

MUSEUMS	
Where is the museum?	Waar is die **Museum**?
What time does the museum open?	Hoe laat maak die **Museum** oop?
I'd like to hire a guide.	Ek wil 'n **gids** huur.
How much does a ticket cost?	Hoeveel kos 'n **kaartjie**?
I need ...	**Ek** ben**odig**......
... one ticket	.... een **kaartjie**
... two tickets	.....twee **kaartjie**s
... three tickets	....drie **kaartjie**s
... four tickets	....vier **kaartjie**s
TOURS	
I'd like to ...	**Ek** wil graag.....
... take the day tour	.....die dag **toer** vat
... take the morning tour	......die oggend **toer** vat
... take the evening tour	...... die aand **toer** vat
How long is the tour?	Hoe **lank** is die **toer**?
How much does it cost?	Hoeveel **kos** dit?
Is food included?	Is **kos** ingesluit?

Is there water available?	Is daar **water** beskikbaar?
What time will we return?	Hoe **laat** sal ons **terug**keer?

n. Special Need Travelers (Seniors, Children, Disabilities).

DISABILITIES/SENIORS	
I need help, please.	**Ek** het **hulp** nodig asseblief.
Is there an elevator?	Is daar 'n **hysbak**?
How many steps are there?	Hoeveel **trap**pe is daar?
Could you help me across the street please?	Kan u asseblief my oor die **straat** help?
I have a disability.	**Ek** het 'n **gestrem**dheid. Ek het 'n gebrek
I need to sit down, please.	**Ek benodig** om te **sit** asseblief.
Is there wheelchair access?	Is daar rol**stoel** toegang?
Are there restrooms for people with disabilities?	Is daar bad**kamer**s vir **gestremde** mense?
Are guide dogs allowed?	Word gids**honde** toegelaat?
VOCAB BANK	
Ramp	Oprit
Wheelchair	Rol**stoel**
CHILDREN	**KIND**ERS
I have children.	**Ek** het **kind**ers.
Are children allowed?	Word **kind**ers toegelaat?
Is there a children's menu?	Is daar 'n **kind**ers spys**kaart**?
Is there a baby changing room?	Is daar 'n **baba** kleed**kamer**?
Is there a baby seat?	Is daar 'n **baba stoel**?
I need a ...	**Ek benodig** 'n ......
... stroller	.....loop**raam**
... highchair	..... hoë **stoel**
I need ...	**Ek benodig**...
... diapers	.....baba **doek**e
... baby wipes	......baba **lap**pies
... tissues	......snees**doek**ies

2. MEETING PEOPLE

a. Getting Acquainted

Hi, my name is ...	Hi, my **naam** is......
Hello	Hallo
Good morning	Goeie **môre**
Good afternoon	Goeie **middag**
Good evening	Goeie **naand**
How are you?	**Hoe** gaan dit?
I'm good and you?	Dit gaan **goed** en met u?
My name is ...	My **naam** is...
What is your name?	Wat is u **naam**?
Nice to meet you	Bly om u te **ontmoet**
I'm from ...	**Ek** is **van**.....
I'm an American	**Ek** is 'n **Amerikaner**
I am British	**Ek** is 'n **Brit**
Mr.	Mnr.
Mrs.	Mev.
Ms.	Mej.
Do you speak English?	**Praat** u **Engels**?
I understand	**Ek verstaan**
I'm sorry, I don't understand	**Ek** is jammer, ek **verstaan** nie
I'm in South Africa on business	**Ek** is in **Suid Afrika** op **besigh**eid
I'm in South Africa to study	**Ek** is in **Suid Afrika** om te **studeer**
I'm in South Africa for a conference	**Ek** is in **Suid Afrika** vir 'n **konferensie**
I'm in South Africa for tourism	**Ek** is in **Suid Afrika** vir **toer**isme
I'm from America	**Ek** is van **Amerika**
I'm from England	**Ek** is van **Engeland**
I'm from Australia	**Ek** is van **Australië**
Where are you from?	**Waar** is u van?
What do you do?	Wat **doen** u?
I'm a businessman	**Ek** is 'n **besigheid**sman
I'm a student	**Ek** is 'n **student**
I'm an engineer	**Ek** is 'n **ingenieur**
I'm a lawyer	**Ek** is 'n **prokureur**
I'm a doctor	**Ek** is 'n **dokter**
Are you married?	Is u ge**trou**d?

I'm married	**Ek** is ge**trou**d
This is my wife	Dit is my **vrou**
This is my husband.	Dit is my **man.**
I have one child	**Ek** het een **kind**
I have two children	**Ek** het twee **kind**ers
I have three children	**Ek** het drie **kind**ers
I have four children	**Ek** het vier **Kind**ers
I have five children	**Ek** het vyf **kind**ers
How old is your son?	Hoe **oud** is u **seun**?
How old is your daughter?	Hoe **oud** is u **dogter**?
How many children do you have?	Hoeveel **kind**ers het u?
Thank you	Dankie
Here is my email	Hier is my **e-pos**
Do you use Facebook?	Gebruik u **Facebook**?
Excuse me	Ver**skoon** my
Goodbye	Tot**siens**
Have a good night	Geniet u **nag**

b. Opinions/States of Being

GENERAL	
I am hot	**Ek** is **warm**
I am cold	**Ek** is **koud**
I am tired	**Ek** is **moeg**
I am sleepy	**Ek** is **slap**erig
I am jetlagged	**Ek** is **vlugvoos**
I am hungry	**Ek** is **honger**
I am thirsty	**Ek** is **dors**
I need to use the restroom	**Ek** be**nodig** om die kleed**kamer** te gebruik
I need to smoke.	**Ek** be**nodig** om te **rook**
Did you enjoy that?	Het u dit **geniet**?
I thought it was …	Ek het ge**dink** dit was…,.
… amazing	….onge**loof**lik
… beautiful.	…..**prag**tig
… okay	……orraait
… interesting	…..**ineteressant**
… unusual	……onge**woond**

| ... dull | ......saai |
| ... overly expensive | ......te **duur** |

c. Inviting People Out (Music/Nightclubs/Performing Arts)

Would you like to go out tonight?	Wil u uit**gaan** van**aand**?
What kind of things could we do at night?	Watter tiepe **ding**e kan ons doen van**aand**?
Are you free ...	Is jy **vry**.....
... tonight?	.....van**aand**?
... tomorrow?	..... m**ô**re?
... this weekend?	...die na**week**?
When are you free?	.....wanneer is jy **vry**?
Would you like to come with me?	Will jy **saam** met my **kom**?
Yes of course.	Ja, ver**seker**
I'm sorry, I can't.	**Ek** is **jammer**, ek kan **nie**.
Would you like to go ...	Wil jy graag **gaan**....
... to a bar?	....na 'n **kroeg**?
... to a café?	....na 'n **kafee**?
... to a lounge?	....na 'n sit**kamer**
... to a concert?	....na 'n **konsert**?
... to a restaurant?	....na 'n **restaurant**?
... to the movies?	....**fliek**?
... to a party?	....na 'n **party**tjie?
What time should we meet?	Hoe laat sal ons **ontmoet**?
Where should we meet?	Waar moet ons **ontmoet**?
Will you pick me up?	Sal jy my op**tel**?
I will pick you up.	Ek sal jou op**tel**.
What kind of music do you like?	Watter tiepe **musiek** hou jy van?
I like ...	Ek hou van.....
... pop.	......pop
... rock.	......rock
... hip hop.	......hip hop
... country.	......country
... R&B.	......R&B
Who is your favorite singer?	Wie is jou **gunsteling sanger**?
My favorite singer is ...	My **gunsteling sanger** is.....
Do you like ...	Wil u **graag**......

16

... to dance?	.....daans?
... to go to concerts?	.....na **konsert**e toe gaan?
... to go to the theater?	.....na die **teater** toe gaan?
... to go to the opera?	... na die **opera** toe gaan?
... to go to the symphony?	..... na die **simfonie**?
I do like ...	Ek wil **graag**.......
I don't like ...	Ek wil **nie graag**....
I want to ...	Ek wil ....
... go to a concert.	.....na 'n **konsert** toe gaan.
... go to the theater.	.....na 'n **teater** toe gaan.
... go to the symphony.	.....na 'n **simfonie** toe gaan.
... go to the opera.	.....na 'n **opera** toe gaan.
Do you want to ...	Wil **jy**....
... go to a concert?	.....na 'n **konsert** toe gaan?.
... go to the theater?	.....na 'n **teater** toe gaan?
... go to the symphony?	.....na 'n **simfonie** toe gaan?
... go to the opera?	.....na 'n n **opera** toe gaan?
Could we buy tickets?	Kan ons **kaartjie**s **koop**?
How much are the tickets?	Hoeveel **kos** die **kaartjie**s?
I want the cheapest tickets please.	Ek wil die goed**koop**ste **kaartjie**s he hê asseblief.
I want the best tickets please.	**Ek** wil asseblief die **beste kaartjie**s hê.
Where is the concert?	Waar is die **konsert**?
I need to buy ...	**Ek** be**nodig** om......
... one ticket, please.	.....een **kaartjie** te **koop** asseblief.
... two tickets, please.	.....twee **kaartjie**s te **koop** asseblief?
That was great.	Dit was **goed**.
That was long.	Dit was te **lank**.
That was amazing.	Dit was onge**loof**lik.
That was okay.	Dit was **orraait.**
What kind of movies do you like?	Watter tiepe **film**s hou u van?
I like ...	**Ek hou** van.....
... action.	....**aksie.**
... animated films.	...geanimeerde **film**s.
... drama.	....**drama.**
... documentaries.	... **dokumentêre.**
... comedy.	...**komedie.**

... thrillers.	....rillers.
... science fiction.	.... **wetenskaps**fiksie.
... horror.	....**gruwel**.
... romantic comedy.	....**roman**tiese komedie.
Could we go to the movies tonight?	Kan ons gaan **fliek** van**aand**?
When can we go to the movies?	Wanneer kan **ons** gaan **fliek**?
What movies are playing?	Wat se **films** wys?
How much are the tickets?	Hoeveel kos die **kaartjie**s?
Is the theater far from here?	Is die **teater** ver van hier?

d. Hiking

Do you like to hike?	Hou jy daarvan om te **stap**?
I love to hike.	**Ek** hou daarvan om te **stap**.
What is the weather going to be like?	Hoe gaan die **weer** wees?
It will be ...	Dit **sal**......wees.
... cold.	....**koud**
... cloudy.	...**bewolk**
... sunny.	....**sonnig**
... warm.	....**warm**
... hot.	...baie **warm**
It will be snowing.	Dit **sal sneeu**
When can we go?	Wanneer kan ons **gaan**?
Is it safe?	Is dit **veilig**?
Do we need to buy water?	Het ons nodig om **water** te **koop**?
Is the water safe to drink?	Is die **water** veilig om te **drink**?
Do we need to buy food?	Het ons nodig om **kos** te **koop**?
Will we need a guide?	Sal ons 'n **gids** nodig hê?
Is it scenic there?	Is dit **mooi** daar?
How long is the hike?	Hoe lank is die **stap**tog?
How long is the drive?	Hoe lank is die **rit**?
How long is the climb?	Hoe lank is die **klim**?
I'm looking for ...	**Ek** is op**soek** na.....
... the campsite	...die **kamp**plek
... the toilet	...die t**oilet**

| What time does the sun go down? | Watter **tyd** gaan die **son** onder? |

e. Sports

What sport do you love?	Van watter **sport** hou jy
I love ...	**Ek** hou van.....
... football	......Amerikaanse **rugby**
... hockey	......**hokkie**
... basketball	......**basketbal**
... baseball	.....**bofbal**
... soccer	......**sokker**
... boxing	......**boks**
Do you play ...	**Speel** jy......
... football?	......Amerikaanse **rugby**
... hockey?	......**hokkie**
... basketball?	......**basketbal**
... baseball?	.....**bofbal**
... soccer?	......**sokker**
... volleyball?	.....**vlugbal**
Yes, I do.	Ja, ek **speel**.
A little bit.	'n **Bietjie**.
No, not much.	Nee, nie **veel** nie.
Do you ...	**Gaan** jy.....
... go running?	..... gaan **hardloop**?
... go to the gym?	......na die **gimnasium** toe?
Could we play?	Kan ons **speel**?
I'd like to play.	Ek wil graag **speel**.
I'm sorry, I can't play.	Ek's **jammer**, ek kan nie **speel** nie.
I'm tired.	Ek's **moeg**.
I think I need a break.	Ek dink ek het 'n **breek** nodig.
Can we go to a game?	Kan ons na 'n **wedstryd** toe gaan?
Where is it located?	Waar is dit **geleë**?
Who's playing?	Wie **speel**?
How much are the tickets?	Hoeveel kos die **kaartjies**?
I need ...	Ek be**nodig**....
... one ticket, please.	....een **kaartjie** asseblief.
... two tickets, please.	.....twee **kaartjies** asseblief.

That was great!	Dit was **goed**!
He's an awesome player!	Hy's 'n on**geloof**like speler?
That was long!	Dit was **lank**!

f. Sex & Romance

CONVERSATION STARTERS	
Hey, you look like you're having the most fun out of anybody here.	Haai, jy lyk of jy die meeste **pret** hier het **vanaand**.
Hi, are you from around here?	Haai, is jy vanaf **rondom** hier?
Can I buy you a drink?	Kan ek vir jou 'n **drank**ie **koop**?
Want to dance?	Wil jy **dans**?
I'm having a great time with you.	Ek het 'n goeie **tyd** saam met jou.
You're awesome.	Jy's **wonder**lik.
I'm having the time of my life.	Ek het die **tyd** van my **lewe**.
Want to go some place quiet?	Wil jy na 'n **plek** toe gaan waar dit **stil** is?
Want to go outside with me?	Wil jy **buite** toe gaan saam met my?
You're beautiful.	Jy is **pragt**ig.
Let's go inside.	Kom ons **gaan** in.
SEX	SEKS
Kiss me.	**Soen** my.
Touch me here.	**Raak** hier aan my.
Take this off.	**Trek** dit uit.
Does that feel good?	Voel dit **goed**?
You like that.	Jy hou **daar**van.
Let's use a condom.	Kom ons **gebruik** 'n kondoom.
I can only do it with a condom.	Ek kan dit **net** met 'n kondoom doen.
Stop!	Stop!
Don't do that.	Moet dit nie **doen** nie.
I like when you do that.	Ek hou **daar**van as jy dit doen.
Keep going.	Hou **aan**.
That feels so good.	Dit voel **goed**.
That was incredible.	Dit was on**geloof**lik.
Let's do it again.	Kom ons **doen** dit weer.
I want you.	Ek wil **jou** hê.
I love your body.	Ek hou van jou **liggaam**.

You're beautiful	Jy's **prag**tig.
I love you.	Ek is **lief** vir jou.
I want to see you again.	Ek wil jou **weer** sien.
Would you like to meet me tomorrow?	Sal jy daarvan hou om my môre te ont**moet**?
Would you like to meet me on the weekend?	Sal jy daarvan hou om my die na**week** te ont**moet**?
Would you like to give me your phone number?	Sal jy daarvan hou om jou tele**foon** nommer vir my te gee?
Would you like to give me your email?	Sal jy daarvan hou om jou e-**pos** vir my te gee?

3. Emergencies

General

        English   **Afrikaans Transliteration**

Is it safe?	Is dit **veilig**?
This is an emergency!	Hierdie is 'n **nood**geval!
Help!	Help!
Be careful!	Wees **versigtig**!
Stop!	Stop!
Call the ambulance!	Bel die **ambulans**!
Call the police!	Bel die **polisie**!
He is hurt.	Hy is be**seer**.
She is hurt.	Sy is be**seer**!
There has been an accident.	Daar was 'n on**geluk**.
Can I use your phone?	Kan ek jou foon **gebruik**?
Could you help me please?	Kan jy my **help** asseblief?
I have been robbed.	Ek is be**roof**.
I have been assaulted.	Ek is **aangerand**
She has been raped.	Sy is ver**krag**.
He has been assaulted.	Hy is **aangerand**.
I lost my ...	Ek het my............**verloor**.
... passport	...**paspoort**...

... money	..**geld**..
... wallet	..**beursie**..
It was a man.	Dit was 'n **man.**
It was a woman	Dit was 'n **vrou**.
It was him.	Dit was **hy**.
It was her.	Dit was sy
I need a lawyer	Ek be**nodig** 'n prokureur.
I need to contact the American embassy.	Ek be**nodig** om die **Amerikaans**e ambasade te kontak.
I need to contact the British embassy.	Ek be**nodig** om die Britse ambasade te kontak.

4. Medical Care

I need to go to the hospital.	Ek be**nodig** om Hospitaal toe te gaan.
Where is the hospital?	Waar is die **hospitaal**?
Where is the pharmacy?	Waar is die **apteek**?
I lost my medication.	Ek het my **medikasie** verloor.
I need this medication.	Ek be**nodig** hierdie medikasie
I'm on medication for ...	Ek's op **medikasie** vir.....
I need new glasses.	Ek be**nodig** nuwe **bril**le.
I need new contact lenses.	Ek be**nodig** nuwe kontak**lens**e.
I need the receipt, please.	Ek be**nodig** die kwitansie asseblief.
I'm hurt.	Ek's be**seer**.
He is hurt.	Hy is be**seer**.
She is hurt.	Sy is be**seer**.
I'm sick	Ek's **siek**.
He is sick.	Hy is **siek**.
She is sick.	Sy is **siek**.
It hurts right here ...	Dit is **seer** hier.
I can't move my ...	Ek kan nie my-------**beweeg** nie.
I'm allergic to something.	Ek's **allergies** vir iets.
I was throwing up.	Ek het op ge**gooi**.
He was throwing up.	Hy het op ge**gooi**.
She was throwing up.	Sy het op ge**gooi.**
I have chills.	Ek het koue **rillings**.
I feel weak.	Ek voel **swak**.

I feel dizzy.	Ek voel **duiselig**.
I can't sleep.	Ek kan nie **slaap** nie.
I have a headache.	Ek het 'n hoof**pyn**
I need antibiotics.	Ek benodig **antibiotika.**
How many times a day should I take this?	Hoeveel keer 'n **dag** moet ek dit **neem**?
He is having ...	**Hy** het 'n.....
... an epileptic fit.	.... **epileptiese** aanval
... an asthma attack.	.....**asma** aan**val**.
... a heart attack.	.....**hart**aanval.
I have a fever ...	Ek het **koors**...
She has a fever ...	Sy het **koors**..
He has a fever ...	Hy het **koors**....

Women

I'm on the pill.	Ek is op die **pil**.
I need the morning after pill.	Ek be**nodig** die "morning after" pil.
I need a pregnancy test.	Ek be**nodig** 'n **swanger**skap toets.
I have missed my period.	Ek het my **menstruele** periode ("period") gemis
I might be pregnant.	Ek mag **swanger** wees.
I'm pregnant.	Ek is **swanger**.
I have a yeast infection.	I het 'n gis **infeksie**.
I have a UTI (urinary tract infection).	I het 'n **urien**weg infeksie.

5. Mini Dictionary

a. English to Afrikaans

English	Afrikaans

A

English	Afrikaans
Aboard	Aan **boord**
About	Oor
Above	Bo
Accident	On**geluk**
Account	Rekening
Across	Oor**kant**
Adapter	Pas**stuk** – this can be one of three words (adapter, verwerker, aansluitprop) it depends on what you are using it for.
Address	Adres
Admit	Erken
Adult	Volwasse
Advice	Advies
Afraid	Bang
After	Na
Age	**Ou**derdom
Ago	Gelede
Agree	Saam**stem**
Ahead	Voor
Air	Lug
Air conditioning	**Lug**versorging
Airline	**Lug**redery
Airplane	**Vlieg**tuig
Airport	Lug**hawe**
Aisle	**Gang**etjie
Alarm clock	Wekker
Alcohol	Alkohol
All	Al or alle
Allergy	Allergie
Alone	Alleen
Already	Reeds
Also	Ook

Always	Altyd
Ancient	Antieke
And	En
Angry	Kwaad
Animal	Dier
Ankle	Enkel
Another	Nog
Answer	Antwoord
Antique	Antieke
Apartment	Woonstel
Apple	Appel
Appointment	Afspraak
Argue	Argumenteer / Stry
Arm	Arm
Arrest	Arresteer
Arrivals	Aankoms
Arrive	Arriveer
Art	Kuns
Artist	**Kuns**tenaar
Ask (questinoning)	Vra
Ask (request)	Vra
Aspirin	Asperien
At	By
ATM	OTM
Awful	**Vrees**lik

B

Baby	Baba
Babysitter	**Baba** oppasser
Back (body)	Rug
Back (backward position)	Terug
Backpack	Rug**sak**
Bacon	Spek
Bad	Erg
Bag	Sak
Baggage	Bagasie
Baggage claim	**Bagasie** eis

Bakery	**Bak**kery
Ball (sports)	Bal
Banana	Piesang
Band (musician)	Orkes
Bandage	Ver**band**
Band-Aid	Pleister
Bank	Bank
Bank account	Bank**rekening**
Basket	Mandjie
Bath	Bad
Bathing suit	Swem**broek**
Bathroom	Bad**kamer or kleedkamer**
Battery	Battery
Be	Wees
Beach	Strand
Beautiful	**Prag**tig
Because	Omdat
Bed	Bed
Bedroom	Slaap**kamer**
Beef	Bees**vleis**
Beer	Bier
Before	Voordat
Behind	Agter
Below	Onder
Beside	Langs**aan**
Best	**Bes**te
Bet	Weddenskap
Between	Tussen
Bicycle	Trap**fiets**
Big	Groot
Bike	Fiets
Bill (bill of sale)	Faktuur
Bird	Voël
Birthday	Verjaardag
Bite (dog bite)	Byt
Bitter	Bitter
Black	Swart
Blanket	Kombers

Blind	Blind
Blood	Bloed
Blue (dark blue)	Blou (donker blou)
Blue (light blue)	Blou (ligte blou)
Board (climb aboard)	**Aan** boord
Boarding pass	Instap **kaart**
Boat	Boot
Body	Liggaam
Book	Boek
Bookshop	Boek**winkel**
Boots (shoes)	Stewels
Border	Grens
Bored	Verveeld
Boring	Vervelig
Borrow	Leen
Both	Beide
Bottle	Bottel
Bottle opener (beer)	**Bottel**oopmaker
Bottle opener (corkscrew)	**Bottel**oopmaker
Bottom (butt)	**Boud**e
Bottom (on bottom)	**Bo**dem
Bowl	Bak
Box	Boks(sport) Doos (box food)
Boy	Seun
Boyfriend	Kêrel
Bra	Bra
Brave	Braaf / Dapper
Bread	Brood
Break	Breek
Breakfast	Ontbyt
Breathe	**Asem**haal
Bribe	Omkoop**geld**
Bridge	Brug
Bring	Bring
Broken (breaking)	Ge**breek**
Brother	Broer
Brown	Bruin
Brush	Borsel

Bucket	Emmer
Bug	Gogga
Build	Bou bou
Builder	**Bou**er
Building	Ge**bou**
Burn	Brand
Bus	Bus
Bus station	Bus **stasie**
Bus stop	Bushalte / Bus **stop**
Business	**Besig**heid
Busy	Besig
But	Maar
Butter	Botter
Butterfly	Vlinder / Skoenlapper
Buy	Koop

C

Cake (wedding cake)	Koek (Troukoek)
Cake (birthday cake)	Koek (Verjaardagkoek)
Call	Roep
Call (telephone call)	Op**roep**
Camera	Kamera
Camp	**Kamp**
Campfire	**Kamp**vuur
Campsite	**Kamp**terrein
Can (have the ability)	Kan
Can (allowed)	Mag
Can (aluminium can)	Kan
Cancel	Kanselleer
Candle	Kers
Candy	**Lekker**goed / Lekkers
Car	Kar
Cards (playing cards)	Kaarte
Care for	Omgee vir
Carpenter	**Tim**merman
Carriage	Ry**tuig**
Carrot	Wortel

Carry	Dra
Cash	Kontant
Cash (deposit a check)	Inkas (deposito)
Cashier	Kassier
Castle	Kasteel
Cat	Kat
Cathedral	Katedraal
Celebration	Fees**vier**ing
Cell phone	Sel**foon**
Cemetery	Begraaf**plaas**
Cent	Sent
Centimeter	Senti**meter**
Center	Middel**punt**
Cereal	Graan
Chair	Stoel
Chance	Kans
Change	Verander
Change (coinage)	Klein**geld**
Change (pocket change)	Klein**geld**
Changin room	Aantrek**kamer**
Chat up	Klets
Cheap	Goed**koop**
Cheat	Ver**neuk**
Cheese	Kaas
Chef	Sjef
Cherry	**Kers**ie
Chest (torso)	Bors
Chicken	Hoender
Child	Kind
Children	**Kind**ers
Chocolate	Sjokolade
Choose	Kies
Christmas	Kers**fees**
Cider	Appel**bier**
Cigar	Sigaar
Cigarette	Sigaret
City	Stad
City center	Midde**stad**

Class (categorize)	Klas
Clean	Skoon
Cleaning	Skoon**maak**
Climb	Klim
Clock	Horlosie
Close	Toe**maak**
Close (closer)	Naby
Closed	Gesluit / Geslote
Clothing	Klere
Clothing store	Klere**winkel**
Cloud	Wolk
Cloudy	Be**wolk**
Coast	Kus
Coat	Jas
Cockroach	Kakkerlak
Cocktail	Mengel**drankie**
Cocoa	Kakao
Coffee	Koffie
Coins	Munte / **Munt**stukke
Cold	Koud
College	Kollege
Color	Kleur
Comb	Kam
Come	Kom
Comfortable	Ge**mak**lik
Compass	Kompas
Complain	Kla
Complimentary (on the house)	**Komplim**entêre
Computer	Rekenaar
Concert	Konsert
Conditioner (conditioning treatment)	Op**knap**per
Contact lens solution	**Kontak**lens oplossing
Contact lenses	Kontak**lense**
Contract	Kontrak
Cook	Kok
Cookie	**Koek**ie
Cool (mild temperature)	Koel

Corn	Koring
Corner	Hoek
Cost	Koste
Cotton	Katoen / Watte
Cotton balls	**Watte**balletjies
Cough	Hoes
Count	Tel
Country	Land
Cow	Koei
Crafts	**Kuns**vlyt
Crash	**Bots**ing
Crazy	Gek
Cream (creamy)	Room
Cream (treatment)	Room
Credit	Krediet
Credit card	Krediet**kaart**
Cross (crucifix)	Kruis
Crowded	Stamp**vol**
Cruise	**Plesier**reis
Custom	Aange**pas**
Customs	Doeane
Cut	Sny
Cycle	Siklus
Cycling	**Fiets**ry
Cyclist	**Fiets**ryer

D

Dad	Pa
Daily	**Daag**liks
Dance	Dans
Dancing	**Dans**ende
Dangerous	**Gevaar**lik
Dark	Donker
Date (important notice)	Datum
Date (specific day)	Datum
Date (companion)	Met**gesel**
Daughter	Dogter

Dawn	**Dag**breek
Day	Dag
Day after tomorrow	Oor môre
Day before yesterday	Eer**gister**
Dead	Dood
Deaf	Doof
Deal (card dealer)	Deel
Decide	Besluit
Deep	Diep
Degrees (weather)	Grade
Delay	Vertraging
Deliver	Af**lewer**
Dentist	**Tand**arts
Deodorant	Deodorant / Reukweerder
Depart	Ver**trek**
Department store	Winkel
Departure	Ver**trek**
Departure gate	Vertrek **hek**
Deposit	Deposito
Desert	Woestyn
Dessert	Nagereg
Details	Besonderhede
Diaper	Luier
Diarrhea	Diarree
Diary	Dag**boek**
Die	Sterf
Diet	Dieet
Different	**Verski**llend
Difficult	Moeilik
Dinner	Aand**ete**
Direct	Direk
Direction	Rigting
Dirty	Vuil
Disaster	Ramp
Disabled	Gestremde
Dish	Gereg (food) Bak (food container)
Diving	Duik
Dizzy	Duiselig

Do	Doen
Doctor	Dokter
Dog	Hond
Door	Deur
Double	Dubbel
Double bed	Dubbel**bed**
Double room	Dubbel**kamer**
Down	Af
Downhill	Afdraand
Dream	Droom
Dress	Rok (womans dress) / Aantrek (get dressed)
Drink (cocktail)	**Drank**ie
Drink (beverage)	Drink
Drink	Drink
Drive	Ry / Bestuur
Drums	**Drom**me
Drunk	Dronk
Dry	Droog
Dry (warm up)	Droog
Duck	Eend (animal) Koes (duck away)

E

Each	Elk
Ear	Oor
Early	Vroeg
Earn	Verdien
East	Oos
Easy	Maklik
Eat	Eet
Education	Onderrig / Opvoeding
Egg	Eier
Electricity	Elektrisiteit
Elevator	Hysbak
Embarrassed	Skaam
Emergency	Noodgeval
Empty	Leeg

End	Einde
English	Engels
Enjoy (enjoying)	Geniet
Enough	Genoeg
Enter	Ingaan
Entry	Inskrywing (record)
Escalator	Rol**trap**
Euro	Euro
Evening	Aand
Every	**Elk**e
Everyone	Almal
Everything	Alles
Exactly	Presies
Exit	Uit**gang**
Expensive	Duur
Experience	Onder**vind**ing
Eyes	Oë

F

Face	Gesig
Fall (autumnal)	Herfs
Fall (falling)	Val
Family	Familie
Famous	Bekend
Far	Ver
Fare	Tarief
Farm	Plaas
Fast	Vinnig
Fat	Vet
Feel (touching)	Voel
Feelings	Gevoel
Female	Vrou
Fever	Koors
Few	Min
Fight	Stryd / Geveg
Fill	Vul
Fine	Fyn

Finger	Vinger
Finish	Klaar
Fire (heated)	Vuur
First	Eerste
First-aid kit	Noodhulp**kis**sie
Fish	Vis
Flat	Plat
Floor (carpeting)	Vloer
Floor (level)	Vloer (vlak)
Flour	Meel
Flower	Blom
Fly	Vlieg
Foggy	Mistig
Follow	Volg
Food	Kos
Foot	Voet
Forest	Bos / Woud
Forever	**Ewig**heid
Forget	Vergeet
Fork	Vurk
Foul	Vuil
Fragile	**Breek**baar / Broos
Free (at liberty)	Vry
Free (no cost)	Gratis
Fresh	Vars
Fridge	Y**skas**
Friend	Vriend
From	Van
Frost	Ryp
Fruit	Vrug (single) / Vrugte (plural)
Fry	Braai
Frying pan	Braai**pan**
Full	Vol
Full-time	Vol**tyds**
Fun	Pret
Funny	Snaaks
Furniture	Meubels
Future	Toekoms

G

Game (match-up)	Spel
Game (event)	Wed**stryd**
Garbage	Vullis
Garbage can	Asblik
Garden	Tuin
Gas (gasoline)	Petrol
Gate (airport)	Hek
Gauze	Gaas
Get	Kry
Get off (disembark)	Af**klim**
Gift	Geskenk (present) Gawe (talent)
Girl	Meisie
Girlfriend	**Vriend**in (Meisie)
Give	Gee
Glass	Glas
Glasses (eyeglasses)	**Bril**le
Gloves	**Hand**skoene
Glue	Gom
Go (walk)	Gaan
Go (drive)	Ry
Go out	Gaan uit
God (deity)	God
Gold	Goud
Good	Goed
Government	Regering
Gram	Gram
Granddaughter	Klein**dogter**
Grandfather	Oupa
Grandmother	Ouma
Grandson	Klein**seun**
Grass	Gras
Grateful	**Dank**baar
Grave	Graf
Great (wonderful)	Goed
Green	Groen
Grey	Grys
Grocery	Kruideniersware

Grow	Groei
Guaranteed	Gewaarborg
Guess	Raai
Guilty	**Skuld**ig
Guitar	Kitaar
Gun	Geweer
Gym	Gimnasium

H

Hair	Haar (hare)
Hairbrush	Haar**borsel**
Haircut	Haar**sny**
Half	Helfte
Hand	Hand
Handbag	Hand**sak**
Handkerchief	Sak**doek**
Handmade	Handge**maak**te
Handsome	Aantreklik
Happy	**Geluk**kig
Hard (firm)	Hard
Hard-boiled	Hardge**kook**te
Hat	Hoed
Have	Het
Have a cold	Het 'n verkoue
Have fun	Hê pret
He	Hy
Head	Hoof
Headache	Hoof**pyn**
Headlights	Hoof**ligt**e (elumenate)
Health	**Gesond**heid
Hear	Hoor
Heart	Hart
Heat	Hitte
Heated	Ver**hitte**
Heater	Ver**warm**er
Heavy	Swaar
Helmet	Helm (Helmet)

Help	Help
Her (hers)	Haar
Herb	Kruid
Herbal	Kruie
Here	Hier
High (steep)	Hoog (steil)
High school	Hoër**skool**
Highway	Snel**weg**
Hike	Staptog
Hiking	Stap / Wandel
Hill	Heuwel / Bult
Hire	Huur
His	**Syn**e
History	Geskiedenis
Holiday	Vakansie
Holidays	Vakansies
Home	Huis / Tuis
Honey	Heuning
Horse	Perd
Hospital	Hospitaal
Hot	Warm
Hot water	Warm**water**
Hotel	Hotel
Hour	Uur
House	Huis
How	Hoe
How much	Hoeveel
Hug	**Druk**kie
Humid	**Vog**tig
Hungry (famished)	Honger
Hurt	Seer
Husband	Man

I

Ice	Ys
Ice cream	Room**ys**
Identification	Identifikasie

ID card	ID **Kaart**
Idiot	Idioot
If	As
Ill	Siek
Important	**Belang**rik
Impossible	On**moontlik**
In	In
(be) in a hurry	Haastig
In front of	In die voor**kant** van
Included	Inge**sluit**
Indoor	Binnen**huis**
Information	Inligting
Ingredient	Bestanddeel
Injury	Besering
Innocent	Ons**kuldig**
Inside	Binne
Interesting	Interessant
Invite	Nooi
Island	Eiland
It	Dit
Itch	Jeuk

J

Jacket	Baadjie
Jail	Tronk
Jar	Bottel
Jaw	Kaak
Jeep	Jeep
Jewelry	**Juwel**iersware
Job	Werk / Pos
Jogging	Draf
Joke	Grap
Juice	Sap
Jumper (cardigan)	Trui

K

Key	Sleutel
Keyboard	Sleutel**bord** (klawer**bord**)
Kilogram	Kilo**gram**
Kilometer	Kilo**meter**
Kind (sweet)	Gaaf
Kindergarten	Kleuter**skool**
King	Koning
Kiss	Soen
Kiss	Soen
Kitchen	Kombuis
Knee	Knie
Knife	Mes
Know	Weet

L

Lace	Kant
Lake	Meer
Land	Land
Language	Taal
Laptop	Skoot**rekenaar**
Large	Groot
Last (finale)	Laaste
Last (previously)	Laaste
Law (edict)	Wet / Reg
Lawyer	Prokureur
Lazy	Lui
Leader	Leier
Learn	Leer
Leather	Leer
Left (leftward)	Links
Leg	Been
Legal	**Wet**lik
Lemon	Suur**lemoen**
Lemonade	Limonade
Lens	Lens

Lesbian	Lesbies
Less	Minder
Letter (envelope)	Brief
Lettuce	Blaa**rslaai**
Liar	**Leuen**aar
Library	Biblioteek
Lie (lying)	Leuen (Lieg)
Lie (falsehood)	Leuen
Life	Lewe
Light	Lig
Light (pale)	Lig (Bleek)
Light (weightless)	Lig
Light bulb	Gloei**lamp**
Lighter (ignited)	Aansteker
Like	Soos
Lime	Kalk
Lips	Lippe
Lipstick	Lipstiffie
Liquor store	Drank**winkel**
Listen	Luister
Little (few)	Min
Little (tiny)	Klein
Live (occupy)	Lewe
Local	Plaaslik
Lock	Slot
Locked	Ge**sluit**
Long	Lank
Look	Kyk
Look for	Soek vir
Lose	Verloor
Lost	Verloor
(A) Lot	Baie
Loud	Hard
Love	Lief
Low	Laag
Luck	Geluk
Lucky	**Geluk**kig
Luggage	Bagasie

Lump	Knop
Lunch	Midda**gete**
Luxury	**Luuks**e

M

Machine	Masjien
Magazine	Tyd**skrif**
Mail (mailing)	Pos
Mailbox	Pos**bus**
Main	Hoof
Mainroad	Hoof**pad**
Make	Maak
Make-up	Grimering
Man	Man
Many	Baie
Map	Kaart
Market	Mark
Marriage	Huwelik
Marry	Trou
Matches (matchbox)	Vuur**hout**jies
Mattress	Matras
Maybe	Miskien
Me	Ek
Meal	Maal
Meat	Vleis
Medicine (medicinals)	Medisyne
Meet	Ontmoet / Vergader
Meeting	Vergadering
Member	Lid
Message	Boodskap
Metal	Metaal
Meter	Meter
Microwave	Mikrogolf
Midday	Middag
Midnight	Midder**nag**
Military	Militêre
Milk	Melk

Millimeter	Milli**meter**
Minute (moment)	Minuut
Mirror	Spieël
Miss (lady)	Me**juffrou**
Miss (mishap)	Mis
Mistake	Fout
Mobile phone	Mobiele **Foon**
Modern	Moderne
Money	Geld
Month	Maand
More	Meer
Morning	Oggend
Mosquito	Muskiet
Motel	Motel
Mother	Ma
Mother-in-law	Skoon**ma**
Motorbike	Motor**fiets**
Motorboat	Motor**boot**
Mountain	Berg
Mountain range	**Berg**reeks
Mouse	Muis
Mouth	Mond
Movie	Film
Mr.	Mnr.
Mrs./Ms	Mev. / Mej
Mud	Modder
Murder	Moord
Muscle	Spier
Museum	Museum
Music	Musiek
Mustard	Mosterd
Mute	Stil (Stom)
My	My

N

Nail clippers	**Nael**knippers
Name (moniker)	Naam
Name (term)	Voor**naam**
Name (surname)	Van
Napkin	Doek
Nature	Aard
Nausea	Naar
Near (close)	Naby
Nearest	Naaste
Necessity	**Nood**saaklikheid
Neck	Nek
Necklace	Halssnoer
Need	Be**nodig**
Needle (stitch)	Naald
Negative	Negatief
Neither...nor...	Geen...nie...
Net	Net
Never	Nooit
New	Nuut
News	Nuus
Newspaper	Koerant
Next (ensuing)	Volgende
Next to	Lang**saan**
Nice	Lekker
Nickname	By**naam**
Night	Nag
Nightclub	Nag**klub**
No	Nee
Noisy	Raserig / **Lawaai**erig
None	Geen
Nonsmoking	**Rook** verbode
Noon	Mid**dag**
North	Noord
Nose	Neus
Not	Nie
Notebook	Nota**boek**
Nothing	Niks

Now	Nou
Number	Nommer
Nurse	Verpleegster
Nut	Neut (fruit) Bout (nut & bolt)

O

Ocean	Oseaan
Off (strange)	Af
Office	Kantoor
Often	Gereeld
Oil (oily)	Olie
Old	Oud
On	Aan
On time	Betyds
Once	Een**maal** / Eenkeer / Sodra
One	Een
One-way	Een**rigting**
Only	Alleenlik / Net
Open	Oop
Operation (process)	Operasie
Operator	Operateur
Opinion	Opinie / Mening
Opposite	**Teenoor**gestelde
Or	Of
Orange (citrus)	Lemoen
Orange (color)	Oranje
Orchestra	Orkes
Order	Bestel (place a order)
Order	Volgorde (sequence)
Order	Bevel (Instruction)
Ordinary	Gewone
Original	**Oorspronklik**e
Other	Ander
Our	Ons
Outside	Buite
Oven	Oond
Overnight	Oor**nag**

Overseas	**Oorsee**
Owner	Eienaar
Oxygen	Suur**stof**

P

Package	Pakket
Packet	Pakkie
Padlock	Hang**slot**
Page	**Blad**sy
Pain	Pyn
Painful	**Pyn**lik
Painkiller	**Pyn**stiller
Painter	Skilder / Verwer
Painting (canvas)	**Skilde**ry
Painting (the art)	Skilder
Pair	Paar
Pan	Pan
Pants (slacks)	Lang**broek**e
Paper	Papier
Paperwork	Papier**werk**
Parents	Ouers
Park	Park
Park (parking)	Parkeer
Part (piece)	Ge**deel**te
Part-time	Deel**tyd**s
Party (celebration)	**Party**tjie
Party (political)	Party
Pass	Slaag
Passenger	Passasier
Passport	Paspoort
Past (ago)	Verlede
Path	Pad
Pay	Betaal
Payment	Betaling
Peace	Vrede
Peach	Perske
Peanut	**Grond**boontjie

Pear	Peer
Pedal	Pedaal
Pedestrian	**Voet**ganger
Pen	Pen
Pencil	**Pot**lood
People	**Mens**e
Pepper (peppery)	Peper
Per	Per
Per cent	Persentasie
Perfect	Perfek
Performance	Vertoning
Perfume	Parfuum / Reukweerder
Permission (permit)	Toe**stem**ming
Person	Persoon
Petrol	Petrol
Petrol station	**Petrol** Stasie
Pharmacy	Apteek
Phone book	Telefoon**boek**
Photo	Foto
Photographer	**Foto**graaf
Pigeon	Duif
Pie	Paai
Piece	Stuk
Pig	Vark
Pill	Pil
Pillow	Kussing
Pillowcase	**Kussing**sloop
Pink	Pienk
Place	Plek (1st, 2nd etc) / Plaas (put somewhere)
Plane	**Vlieg**tuig
Planet	Planeet
Plant	Plant
Plastic	Plastiek
Plate	Bord
Play (strum)	Speel
Play (theatrical)	Op**voer**ing
Plug (stopper)	Prop

Plug (socket)	Prop
Plum	Pruim
Pocket	Sak
Point	Punt
Poisonous	**Gif**tig
Police	Polisie
Police officer	**Polisie**beampte
Police station	**Polisie**stasie
Politics	Politiek
Pollution	**Besoedel**ing
Pool (basin)	Poel / Bad
Poor	Arm
Popular	Populêr / Gewild
Pork	Vark
Port (dock)	Hawe
Positive	Positief
Possible	Moontlik
Postcard	Pos**kaart**
Post office	Pos**kantoor**
Pot (kettle)	Pot
Potato	Aartappel
Pottery	Potte**bak**kery
Pound (ounces)	Pond
Poverty	Armoede
Powder	Poeier
Power	Krag
Prayer	Gebed
Prefer	Ver**kies**
Pregnant	Swanger
Prepare	Berei
Prescription	Voor**skrif**
Present (treat)	Ge**skenk**
Present (now)	Huidig / Tans
President	President
Pressure	Druk
Pretty	Mooi
Price	Prys
Priest	Priester

Printer (printing)	Drukker
Prison	Tronk
Private	Privaat
Produce	Vervaardig
Profit	Wins
Program	Program
Promise	Belofte
Protect	Beskerm
Pub	Kroeg
Public toilet	Publieke **toilet**
Pull	Trek
Pump	Pomp
Pumpkin	Pampoen
Pure	Suiwer
Purple	Pers
Purse	Beursie
Push	Stoot
Put	Sit

Q

Quality	Kwaliteit / Gehalte
Quarter	Kwart / Kwartaal / Kwartier
Queen	Koniging
Question	Vraag
Queue	Tou / Ry
Quick	Vinnig
Quiet	Stil
Quit	Ophou

R

Rabbit	Haas
Race (running)	Wed**loop**
Radiator	Ver**koel**er
Radio	Radio
Rain	Reën
Raincoat	Reën**jas**

Rare (exotic)	Seld**saam**
Rare (unique)	Raar
Rash	Uit**slag**
Raspberry	Framboos
Rat	Rot
Raw	Rou
Razor	Skeer**mes**
Read	Lees
Reading	Lees
Ready	Gereed
Rear (behind)	Agter**kant**
Reason	Rede
Receipt	Kwitansie
Recently	On**langs**
Recomment	Aan**beveel**
Record (music)	Op**name**
Recycle	Her**win**
Red	Rooi
Refrigerator	Yskas
Refund	Terug**betal**ing
Refuse	Weier
Regret	Spyt
Relationship	Verhouding
Relax	Ontspan
Relic	Oorblyfsel
Religion	**God**sdiens
Religious	**God**sdienstige
Remote	Afgeleë (place) / Afstand (control)
Rent	Huur
Repair	Herstel
Reservation (reserving)	Be**spreek**
Rest	Rus
Restaurant	Restaurant
Return (homecoming)	Terugkeer / Terug**kom**
Return (returning)	Terug**gee**
Review	Her**sien**
Rhythm	Ritme
Rib	Rib

Rice	Rys
Rich (prosperous)	Ryk
Ride	Rit
Ride (riding)	Ry
Right (appropriate)	Regte
Right (rightward)	Regs
Ring (bauble)	Ring
Ring (ringing)	Lui
Rip-off	Af **skeur**
River	Rivier
Road	Pad
Rob	Roof
Robbery	**Roof**tog
Rock	Rots
Romantic	Romanties
Room (accommodation)	Kamer
Room (chamber)	Saal
Room number	Kamer **nommer**
Rope	Tou
Round	Rond
Route	Roete
Rug	Mat
Ruins	**Bou**valle
Rule	Reël
Rum	Rum
Run	Hard**loop** (Run) / Lopie (cricket)
Running	Hard**loop**

S

Sad	Hart**seer** / Droewig
Safe	Veilig
Salad	Slaai
Sale (special)	Ver**kop**ing
Sales tax	Ver**koop**belasting
Salmon	Salm
Salt	Sout
Same	**Self**de

Sand	Sand
Sandal	**Sand**aal
Sauce	Sous
Saucepan	Kastrol
Sauna	Sauna
Say	Sê
Scarf	Serp
School	Skool
Science	Wetenskap
Scientist	**Wetenskap**like
Scissors	Skêr
Sea	See
Seasickness	**See**siekte
Season	Seisoen
Seat	Sit**plek**
Seatbelt	Sit**plek**gordel
Second (moment)	Sekonde
Second	**Twee**de
See	Sien
Selfish	**Self**sugtig
Sell	Ver**koop**
Send	Stuur
Sensible	Sin**vol**le
Sensual	Sensuele
Seperate	**Apart**e
Serious	**Ern**stig
Service	Diens
Several	Verskeie
Sew	Naald**werk**
Sex	Seks
Sexism	**Seks**isme
Sexy	Seksie (slang)
Shade (shady)	Skaduwee
Shampoo	Shampoo
Shape	Vorm
Share (sharing)	Deel
Share (allotment)	Aan**deel**
Shave	Skeer

Shaving cream	**Skeer**room
She	Sy
Sheet (linens)	Laken
Ship	Skip
Shirt	Hemp
Shoes	**Skoen**e
Shoot	Skiet
Shop	Winkel
Shop	Koop
Shopping center	**Winkel** sentrum
Short (low)	Kort
Shortage	Te**kort**
Shorts	Kort**broek**
Shoulder	Skouer
Shout	Skree
Show	Wys
Show	Skou
Shower	Stort
Shut	Sluit
Shy	Skaam
Sick	Siek
Side	Kant
Sign	Teken
Sign (signature)	Teken
Signature	Hand**teken**ing
Silk	Sy
Silver	Silver
Similar	Soortge**lyk**
Simple	**Een**voudig
Since	Sedert
Sing	Sing
Singer	Sanger
Single (individual)	Enkel
Sister	Suster
Sit	Sit
Size (extent)	**Groot**te
Skin	Vel
Skirt	Romp

Sky	Hemel
Sleep	Slaap
Sleepy	**Slap**erig / Lomerig
Slice	Sny
Slow	Stadig
Slowly	Stadig
Small	Klein
Smell	Reuk
Smile	Lag
Smoke	Rook
Snack	**Peusel**happie
Snake	Slang
Snow	Sneeu
Soap	Seep
Socks	Kouse
Soda	Soda
Soft-drink	Koel**drank**
Some	**Som**mige
Someone	Iemand
Something	Iets
Son	Seun
Song	Lied
Soon	Gou
Sore	Seer
Soup	Sop
South	Suid
Specialist	Spesialis
Speed (rate)	Spoed
Spinach	Spinasie
Spoiled (rotten)	Bederf (Frot)
Spoke	Ge**praat**
Spoon	Lepel
Sprain	Verstuit
Spring (prime)	Lente (seasons) / Veer (spring loaded)
Square (town center)	Plein
Stadium	Stadion
Stamp	Stempel

Star	Ster
Star sign	Sterre**teken**
Start	Begin
Station	Stasie
Statue	Stand**beeld**
Stay (sleepover)	Bly
Steak	Kruis**skyf**
Steal	Steel
Steep	Steil
Step	Trap
Stolen	Ge**steel**
Stomach	Maag
Stomach ache	Maag**pyn**
Stone	Steen / Klip
Stop (station)	Halte
Stop (halt)	Stop
Stop (avoid)	Vermy
Storm	Storm
Story	Storie
Stove	Stoof
Straight	**Reg**uit
Strange	Vreemd
Stranger	**Vreemd**eling
Strawberry	Aarbei
Street	Straat
String	String
Stroller	Loop raam
Strong	Sterk
Stubborn	**Hard**nekkig
Student	Student
Studio	Ateljee
Stupid	Onnosel
Suburb	Voor**stad**
Subway (underground)	Duik**weg**
Sugar	Suiker
Suitcase	Tas / Koffer
Summer	Somer
Sun	Son

Sun block	**Son**skerm
Sunburn	**Son**brand
Sunglasses	**Son**brille
Sunny	**Son**nig
Sunrise	**Son**sopkoms
Sunset	**Son**sondergang
Supermarket	Super**mark**
Surf	**Brander**plankry
Surprise	Verras
Sweater	Trui
Sweet	Soet
Swelling	Swelsel
Swim	Swem
Swiming pool	**Swem**bad
Swimsuit	**Swem**broek

T

Table	Tafel
Tablecloth	**Tafel**doek
Tall	Lank
Take	Vat / Neem
Take photos	Neem foto's
Talk	Praat
Tap	Kraan
Tap water	Kraan**water**
Tasty	**Smaak**lik
Tea	Tee
Teacher	Onderwyser
Team	Span
Teaspoon	Tee**lepel**
Teeth	**Tand**e
Telephone	Tele**foon**
Television	Televisie
Tell	Vertel
Temperature (feverish)	Temperatuur
Temperature (degrees)	Temperatuur
Terrible	**Vrees**lik

Thank	Dank
That (one)	**Daar**die
Theater	Teater
Their	Hul
There	Daar
Thermometer	Termo**meter**
They	Hulle
Thick	Dik
Thief	Skelm
Thin	Dun
Think	Dink
Third	Derde
Thirsty (parched)	Dors
This (one)	Hierdie
Throat	Keel
Ticket	Kaartjie
Tight	Styf / Stram
Time	Tyd
Time difference	**Tyd**sverskil
Tin (aluminium can)	Blik
Tiny	Klein
Tip (tipping)	Fooi
Tire	Band
Tired	Moeg
Tissues	Snees**doeki**es
To	Aan
Toast (toasting)	Heil**dronk**
Toaster	Rooster
Tobacco	Tabak
Today	Vandag
Toe	Toon
Together	Saam
Toilet	Toilet
Toilet paper	**Toilet**papier
Tomato	Tamatie
Tomorrow	Môre
Tonight	Van**aand**
Too (additionally)	Ook

Too (excessively)	Te
Tooth	Tand
Toothbrush	**Tand**eborsel
Toothpaste	**Tand**epasta
Touch	Aan**raak**
Tour	Toer
Tourist	**Toer**is
Towards	Rigting
Towel	Hand**doek**
Tower	Toring
Track (pathway)	Pad
Track (racing)	Baan
Trade (trading)	Handel
Trade (career)	Bedryf
Traffic	Verkeer
Traffic light	**Verkeer**slig
Trail	Spoor
Train	Trein
Train station	**Trein** stasie
Tram	Trem
Translate	Ver**taal**
Translation	Vertaling
Transport	Ver**voer**
Travel	Reis
Tree	Boom
Trip (expedition)	Rit
Truck	Trok
Trust	Ver**trou**
Try (trying)	Probeer
Try (sip)	Probeer
T-shirt	T-**hemp**
Turkey	Kalkoen
Turn	Draai
TV	TV
Tweezers	Knyp**tang**etjies
Twice	**Twee** keer
Twins	**Tweel**ing
Two	Twee

Type	Tipe (sort) / Tik (typing a letter)
Typical	Tipies

U

Umbrella	Sambreel
Uncomfortable	Onge**maklik**
Understand	Verstaan
Underwear	Onder**klere**
Unfair	On**reg**verdig
Until	Tot
Unusual	Onge**woon**
Up	Op
Uphill	Opdraand
Urgent	Dringend
Useful	Nuttig

V

Vacation	Vakansie
Valuable	**Waardevol**le
Value	Waarde
Van	Trok
Vegetable	Groente
Vegeterian	Vegetarier
Venue	Onthaal**saal**
Very	Baie
Video recorder	**Video** opnemer
View	Sien
Village	Nedersetting
Vinegar	Asyn
Virus	Virus
Visit	Be**soek**
Visit	Kuier
Voice	Stem
Vote	Stem

W

Wage	Loon
Wait	Wag
Waiter	Kelner
Waiting room	**Wag**kamer
Wake (someone) up	Word wakker
Walk	Stap / Loop
Want	Wil
War	Oorlog
Wardrobe	Klere**kas**
Warm	Warm
Warn	Waarsku
Wash (bathe)	Bad
Wash (scrub)	Was
Wash cloth	Was**lap**
Washing machine	**Was**masjien
Watch	Horlosie
Watch	Kyk
Water	Water
Water bottle	**Water**bottel
Watermelon	Waatlemoen
Waterproof	**Water**dig
Wave	Golf (surfe) / Waai (greet)
Way	Weg / Oppad (on your way)
We	Ons
Wealthy	Ryk
Wear	Dra (clothes on body) / Slytasie (wear and tear)
Weather	Weer
Wedding	**Trou**e
Week	Week
Weekend	Na**week**
Weigh	Weeg
Weight	Gewig
Weights	**Gewig**te
Welcome	Welkom
Well	Wel
West	Wes

Wet	Nat
What	Wat
Wheel	Wiel
Wheelchair	Rol**stoel**
When	Wanneer
Where	Waar
Which	Watter
White	Wit
Who	Wie
Why	Hoekom
Wide	Wyd
Wife	Vrou
Win	Wen
Wind	Wind
Window	Venster
Wine	Wyn
Winner	**Wen**ner
Winter	Winter
Wish	Wens
With	Met
Within (until)	Binne
Without	Sonder
Wonderful	**Wonder**lik
Wood	Hout
Wool	Wol
Word	Woord
Work	Werk
World	Wêreld
Worried	**Bekommer**d
Wrist	Gewrig
Write	Skryf
Writer	Skrywer
Wrong	Verkeerd

Y

Year	Jaar
Years	Jare

Yellow	Geel
Yes	Ja
Yesterday	Gister
(Not) yet	Nog nie
You	Jy
You	Julle
Young	Jonk
Your	Jou

Z

Zipper	Rits Ritssluiter
Zoo	**Die**retuin
Zucchini	Zucchini

Printed in Great Britain
by Amazon